Merci à Marc Jeanson, botaniste et responsable de l'herbier
du Muséum national d'Histoire naturelle pour sa contribution
et sa relecture attentive.

Éditrice : Isabelle Péhourticq assistée de Camille Giordani-Caffet et Fanny Gauvin
Directeur de création : Kamy Pakdel
Maquette : Christelle Grossin
Relecture scientifique : Marc Jeanson
© Actes Sud, 2017 – ISBN 978-2-330-08145-4
Loi 49-956 du 16 juillet 1949 sur les publications destinées à la jeunesse
Reproduit et achevé d'imprimer en juillet 2017 par l'imprimerie Pbtisk
pour le compte des éditions ACTES SUD, Le Méjan, Place Nina-Berberova, 13200 Arles
Dépôt légal 1re édition : août 2017 – Imprimé en République tchèque

TEXTE : DIMITRI DELMAS

ILLUSTRATIONS : AMÉLIE FONTAINE

LES VOYAGES PARFUMÉS

PETITES ET GRANDES HISTOIRES DES FLEURS VENUES D'AILLEURS

ACTES SUD junior

SOMMAIRE

SENTIR ET RESSENTIR LE MONDE

Suivre le voyage des fleurs, c'est déjà prendre le large. Durant des mois, les fleurs
ont été mes confidentes : elles m'ont raconté leurs voyages, leurs rencontres
avec un médecin portugais à Goa, un explorateur français en escale à Rio de Janeiro,
un jésuite espagnol en Amérique du Sud ou encore une reine de passage à Grasse.
Leurs parfums et leurs propriétés médicinales ont guidé mes recherches comme
celles des explorateurs, des poètes et des savants qui parcourent ce livre.

Pour ces missionnaires, marchands, médecins, pirates ou simples curieux des fleurs
et du monde, partir est une façon de décentrer son regard, de recenser les richesses,
de panser les maux de son époque par l'intermédiaire des plantes, de parfumer les femmes
et les hommes, d'éclairer l'Europe. Ils se sont arrêtés, surpris, sur l'anatomie de la fleur
de la passion, se sont enivrés de l'odeur puissante du jasmin dans la tiédeur des grands soirs
de juillet, ont pris le temps de regarder à leurs pieds pour faire le compte des étamines.
Ils ont cherché à connaître les vertus de l'aloé et du tamarin. Ils se sont attachés à un détail
de la vie : les fleurs, qu'ils ont admirées, décrites ou diffusées.

Suivre leurs voyages est aussi l'occasion de jeter l'ancre dans des ports improbables,
de susciter des rencontres, de faire l'expérience d'un monde étranger – tantôt hostile,
tantôt accueillant –, de prendre conscience de la diversité des peuples, de s'ouvrir
à d'autres savoirs et d'autres cultures, de cueillir des fleurs et de démonter les préjugés.

À travers onze aventures, ce livre s'attache au petit, à l'éphémère, au fragile. Il expérimente
une autre façon d'écrire une partie de l'histoire du monde et de la mondialisation, depuis
un champ de tulipes ou un buisson de rosiers sauvages.

1 LA PASSIFLORE

LA PASSIFLORE, AUSSI APPELÉE FLEUR DE LA PASSION, EST UNE LIANE D'AMÉRIQUE DU SUD, DÉCOUVERTE PAR LES COLONS ESPAGNOLS AU XVIᵉ SIÈCLE.

2 L'ALOÉ VÉRA

L'ALOÉ VÉRA EST UNE PLANTE GRASSE DONT LES FEUILLES REGORGENT D'UN SUC TRANSLUCIDE RÉPUTÉ POUR SES VERTUS MÉDICINALES ET SES PROPRIÉTÉS RÉGÉNÉRANTES.

3 LA TULIPE

ORIGINAIRE D'UNE VASTE RÉGION ALLANT DE LA TURQUIE AUX CONTREFORTS DE L'HIMALAYA, LA TULIPE FIT L'OBJET D'UNE SPÉCULATION INOUÏE DANS LA HOLLANDE DU XVIIᵉ SIÈCLE.

4 LA MANDRAGORE

LA MANDRAGORE DOIT SA POPULARITÉ À SA RACINE, QUI RAPPELLE UNE FORME HUMAINE, ET À SES COMPOSÉS CHIMIQUES QUI PROVOQUENT DES HALLUCINATIONS.

LA ROUTE

5 LE JASMIN

LE JASMIN EST L'UNE DES FLEURS FÉTICHES DU PARFUMEUR. LES FLEURS DE CET ARBUSTE, ORIGINAIRE D'ASIE ET D'OCÉANIE PRINCIPALEMENT, SONT ODORANTES ET S'OUVRENT LA NUIT.

6 LE GIROFLIER AROMATIQUE

LE GIROFLIER AROMATIQUE NE POUSSAIT QUE DANS L'ARCHIPEL DES MOLUQUES. RECHERCHÉ POUR SON PARFUM ET SES PROPRIÉTÉS MÉDICINALES, LE CLOU DE GIROFLE A FAIT L'OBJET DE TOUTES LES CONVOITISES DE LA PART DES EUROPÉENS.

7 LE BOUGAINVILLIER

LE BOUGAINVILLIER EN FLEUR
EST UN ARBUSTE GRIMPANT ORIGINAIRE
D'AMÉRIQUE DU SUD QUE L'EXPLORATEUR FRANÇAIS
LOUIS-ANTOINE DE BOUGAINVILLE A RAPPORTÉ
DE SON VOYAGE AUTOUR DU MONDE AU XVIIIe SIÈCLE.

8 LE SAFRAN

LE SAFRAN EST
UNE PETITE PLANTE
DONT ON RÉCOLTE LES
STIGMATES EN AUTOMNE POUR
EN FAIRE, CEUX-CI UNE FOIS
SÉCHÉS, UNE DES ÉPICES
LES PLUS CHÈRES
DU MONDE.

DES FLEURS

9 LA ROSE

DE LEUR VOYAGE
EN CHINE
ET AU BENGALE,
LES AGENTS
DE LA COMPAGNIE
BRITANNIQUE
DES INDES ORIENTALES
RAPPORTÈRENT
EN EUROPE
DE NOUVELLES
ESPÈCES
DE ROSES.

10 LE PAVOT

LE PAVOT
EST UNE SORTE
DE GROS COQUELICOT
DONT ON TIRE UN SUC
À L'ORIGINE
DE L'OPIUM.

11 L'ORCHIDÉE

LES ORCHIDÉES SONT DES PLANTES
AUX FORMES ET AUX COULEURS ÉTONNANTES.
LEUR COMMERCE A JUSTIFIÉ L'ORGANISATION
D'EXPÉDITIONS PÉRILLEUSES DANS LES JUNGLES
D'AMÉRIQUE DU SUD ET EN AMAZONIE.

DOMINICAINS, JÉSUITES ET AUTRES AGENTS DE L'EMPIRE

Dès les débuts de la conquête de l'Amérique, les Espagnols s'entourent de religieux pour convaincre les indigènes de se soumettre à leur foi. Rapidement, à partir du milieu du XVIe siècle, ces missionnaires apprennent les langues locales et s'intéressent à leur passé et à leur culture afin de mieux transmettre leur message religieux. Certains de ces missionnaires passent une grande partie de leur vie sur les territoires indigènes, s'impliquent dans la conversion des autochtones et dans l'enseignement. Ils deviennent peu à peu des spécialistes de ces cultures, jusqu'à s'en faire parfois les porte-parole et participer au sauvetage d'une partie des savoirs amérindiens.

LA FLEUR DU PAPE ET DES GRANDS DE CE MONDE

À leur arrivée en Amérique du Sud, au XVIe siècle, les missionnaires jésuites s'engagent dans des territoires inconnus. Ils dressent des cartes, traversent des jungles inhospitalières. Avec eux, ils apportent instruments de musique, livres, ornements religieux pour faciliter leur mission. Ils sont fascinés par la passiflore, une liane que les Indiens cultivent dans la forêt tropicale à la fois pour ses vertus médicinales et pour son fruit, le fruit de la passion. Cette fleur de toute beauté et agréablement odorante devient alors la preuve de l'existence de Dieu dans ce nouveau monde, et ils établissent à partir de là une symbolique religieuse complexe pour représenter la Passion du Christ. Avec leur imagination fertile, les missionnaires voient en effet la couronne d'épines du Christ dans les longs filaments qui cernent la fleur ; les dix apôtres dans les dix pétales et sépales (Judas et Pierre étant éliminés, l'un pour avoir trahi, l'autre pour avoir renié) ; les cinq plaies dans les cinq étamines ; les clous de la Croix dans les trois pointes de son pistil, et les trente pièces d'argent que Judas reçut pour avoir trahi Jésus dans les taches rondes foncées sur la face inférieure de la feuille. Plus tard, cette fleur "mystique" est offerte au pape et aux grands de ce monde.

LA PASSION DES FLEURS

Les maisons des villages amérindiens dispersées dans la forêt facilitent la présence de multiples fleurs et autres arbres fruitiers. Les Indiens du Mexique intriguent les Européens par leur passion "sensuelle" et leur goût immodéré pour les fleurs : "Ils prennent leur bonheur et leur plaisir à sentir toute la journée une rose ou un bouquet fait de différentes roses", note le missionnaire Diego Durán.

FLEUR ET FRUIT DE LA PASSION

Il existe plus de 500 espèces de passiflore. C'est une liane qui peut atteindre 15 mètres de longueur, voire davantage dans la forêt tropicale ; elle grimpe aux arbres et se fixe aux branches grâce à ses longues vrilles. Sa fleur est remarquable par la taille de ses éléments : étamines, pistil et stigmate. On l'utilise en médecine traditionnelle contre l'anxiété et l'insomnie. Ses fruits rafraîchissants sont appelés fruits de la passion, *maracuja*, ou pommes-lianes suivant les pays. On en consomme la pulpe entourant ses nombreuses petites graines. Avec l'or et l'argent, les nefs espagnoles rapportent aussi du Nouveau Monde le tournesol, la belle-de-nuit, la capucine et l'œillet d'Inde...

XVIᵉ SIÈCLE

L'ALOÉ VÉRA

UNE PLANTE QUI NOUS VEUT DU BIEN

UN MÉDECIN PORTUGAIS À GOA

Au XVIᵉ siècle, des médecins portugais sont envoyés explorer la flore de l'empire du Portugal. Garcia da Orta (1499-1568) est l'un d'eux. Diplômé des meilleures universités, il quitte Lisbonne en 1534 et embarque pour les Indes, en compagnie de son ami et protecteur le vice-roi de l'Inde Martim Afonso de Sousa. Après avoir doublé le cap de Bonne-Espérance, ils poursuivent leur chemin jusqu'à Goa, la capitale administrative de l'Empire portugais.

À Goa, Garcia da Orta rencontre des négociants et des médecins de différentes parties de l'Asie et des côtes de l'océan Indien : des Portugais, des Indiens, des juifs et des Arabes lui confient leurs secrets. Il pratique la médecine tout en se livrant au commerce des épices et des pierres précieuses. Il crée un véritable réseau personnel d'agents commerciaux et d'informateurs dont la mission est de lui faire parvenir les plus intéressants spécimens végétaux du monde oriental. À cette époque, on se soigne presque exclusivement par les plantes.

UNE ENCYCLOPÉDIE MISE EN SCÈNE

Après plus de trente ans de vie aux Indes, il décide d'écrire un livre, *Colloques des simples* (c'est le nom que l'on donne aux plantes médicinales). Cet ouvrage décrit toutes les plantes indiennes qu'il lui a été possible d'observer et d'utiliser. Il se met en scène et imagine un dialogue savant avec Ruano, un médecin récemment arrivé aux Indes. Les deux Européens discutent d'aloé, de tamarins, d'éléphants et d'ivoire.

Ce livre constitue une saisissante encyclopédie de botanique asiatique. Orta trie et décrit les nombreuses plantes médicinales utilisées depuis des siècles par la population indienne, intègre les connaissances asiatiques dans son savoir européen, compare avec ce qui est connu en Europe, corrige des confusions et fait part d'observations tout à fait nouvelles... Dans son premier colloque qui traite de l'aloé, il écrit : "On tire un suc d'une herbe appelée en portugais *hervababosa*, que l'on a fait sécher ; on la trouve en grande quantité au Cambay et au Bengale et en bien d'autres contrées, mais celle de Socotra est bien plus appréciée."

PLANTES EN TRANSIT

Imprimé à Goa en 1563, *Colloques des simples* est l'un des premiers livres à avoir fait l'objet d'une impression en Asie. Contrairement aux ouvrages actuels consacrés à la botanique, il ne comporte aucune illustration. Dans un temps relativement court, le livre parvient dans le port de Lisbonne où le naturaliste anversois Charles de l'Écluse, alors en voyage au Portugal, le découvre. Il va traduire et adapter l'ouvrage en latin, y ajouter des illustrations, éliminer le dialogue original, changer l'ordre des chapitres... Le travail d'Orta se prolonge, adopte des formes nouvelles, est utilisé par les botanistes européens ; de dialogue il devient traité scientifique.

DES COMPTOIRS AUX INDES

Au XVIᵉ siècle, les Portugais établissent un immense réseau maritime basé sur un chapelet de ports et de comptoirs autour de l'océan Indien et de la mer de Chine. Ils font commerce d'épices et de produits orientaux. Trente-six ans après l'arrivée de Vasco de Gama aux Indes, les Portugais ont fait de Goa, ville marchande et base des missions chrétiennes, la capitale administrative de l'"Estado de India".

UN SUC QUI SOIGNE

L'aloé véra est une plante grasse aux fleurs érigées en grappe décrite dans la première des cinquante-huit conversations de *Colloques des simples* de Garcia da Orta. Ses feuilles regorgent d'un suc translucide aux propriétés hydratantes, qui adoucit la peau, aide à la cicatrisation et soulage des coups de soleil et des brûlures. Le genre *Aloe* compte plusieurs centaines d'espèces, mais seules quelques-unes ont des propriétés médicinales.

Pour fuir les persécutions contre les juifs, Garcia da Orta avait quitté le Portugal. À Goa, suspecté de pratiquer les rites juifs dans la clandestinité, Orta est rattrapé après sa mort par le tribunal de l'Inquisition qui le condamne pour hérésie à titre posthume.

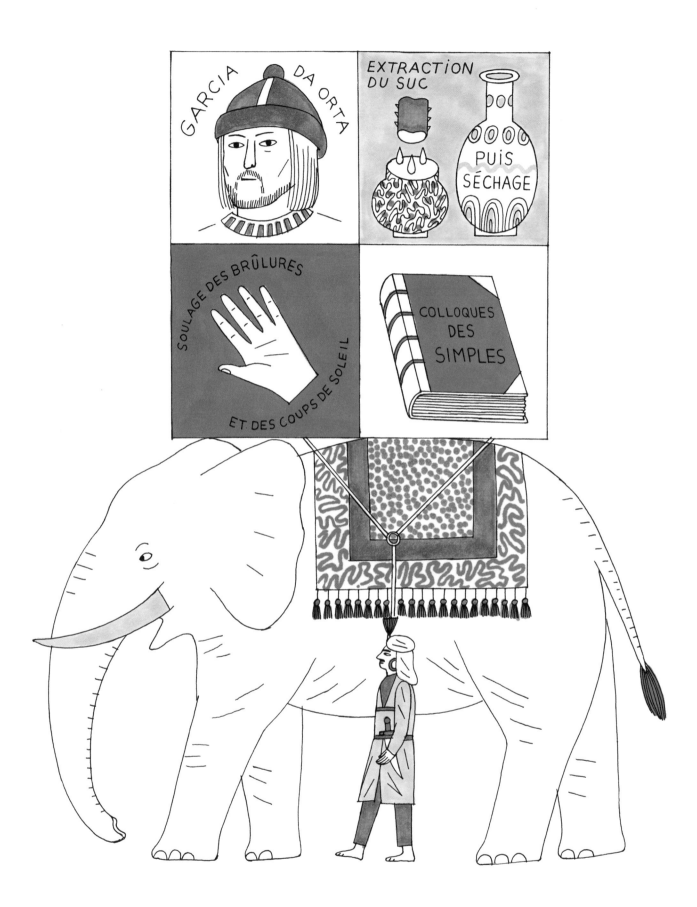

UNE FLEUR POUR
FAiRE FORTUNE

LA TULIPE

UN DIPLOMATE EN ORIENT

Au début du XVIᵉ siècle, les fleurs, jusque-là réservées aux médecins, commencent à être appréciées pour leur esthétique. Les voyages de diplomates et explorateurs permettent de découvrir de nouvelles espèces. Dans l'Empire ottoman, le célèbre sultan Soliman le Magnifique est parvenu à étendre son empire des rivages de la Méditerranée aux contreforts de l'Himalaya. La progression de ses armées jusqu'à Vienne terrorise les Européens. Pour l'amadouer, le diplomate flamand Augier Ghislain de Busbecq (1522-1592) va tenter d'obtenir quelques avantages pour le compte du roi Ferdinand de Habsbourg (1503-1564).
Parti de Vienne, Busbecq entreprend un voyage mouvementé jusqu'à Constantinople, capitale cosmopolite de l'Empire. Un réseau d'agents secrets le seconde pour lui permettre de mieux connaître les intentions du sultan. À Andrinople, il est l'un des tout premiers Européens à s'enthousiasmer devant les tulipes auxquelles les Turcs vouent un véritable culte. Busbecq le diplomate devient amateur éclairé en botanique. Il fait recueillir de nombreuses curiosités végétales orientales qui, envoyées à Vienne, sont examinées par les savants et excitent la curiosité des plus riches.

L'HORTICULTEUR ET LE SPÉCULATEUR

C'est en Hollande, alors le pays le plus prospère d'Europe, que va naître la passion de cette fleur exotique qui fait tourner les têtes et les portefeuilles. Les tulipes sont classées selon leur rang, de la plus commune à la plus noble. La multiplication de nouvelles variétés entretient le zèle des collectionneurs, qui doivent sans cesse être à l'affût.
Bientôt, la demande explose. En quelques mois, le commerce des tulipes passe d'un marché de produits de luxe à un véritable marché financier ! Il s'étale alors sur toute l'année. Les clients passent commande de bulbes encore en terre, on parie sur les profits futurs... C'est ce que les économistes nomment un "marché à terme" : acheter aujourd'hui un produit à un prix fixé à l'avance pour une livraison qui n'aura lieu que plusieurs mois plus tard. Au début de l'année 1637, on n'achète plus un bulbe de tulipe mais un morceau de papier où figure une date de livraison indicative.
C'est l'hystérie. Des bulbes se revendent parfois dix fois dans une même journée. Le prix du bulbe double ou triple toutes les semaines, sinon tous les jours. L'espèce *Viceroy violetten* atteint la cote de 4 500 florins, soit l'équivalent de 45 000 euros d'aujourd'hui ! Les prix réclamés pour la plus célèbre de toutes les tulipes, la *Semper augustus* (moins de douze bulbes de cette fleur rarissime furent répertoriés) atteignent la somme stupéfiante de 10 000 florins en 1637. La hausse des prix suscite l'apparition de nouveaux acheteurs non initiés. Jamais on n'avait donné autant de valeur à une fleur.

Le 4 février 1637, c'est l'affolement. Les acheteurs se font rares. Les cours s'effondrent brutalement. La ville de Haarlem est balayée par un vent de panique, les prix des bulbes chutent d'heure en heure et, à la fin de la semaine, les tulipes ne valent presque plus rien. Plusieurs raisons peuvent expliquer ce krach financier : plus d'un fleuriste se retrouve incapable de respecter ses contrats car les vendeurs et les acheteurs ne parviennent pas toujours à tenir leurs engagements. À cela a pu s'ajouter une épidémie de peste. Cette spéculation débouche sur une crise culturelle et sociale qui entache la réputation et l'honneur des citoyens les plus éminents. En 1638, on décide de renforcer la réglementation. Les régents de Haarlem font annuler tous les contrats à terme, à condition pour l'acheteur de verser 3,5 % du prix de vente en compensation ! Les spéculateurs s'en sortent bien...

LE VIRUS DE LA MOSAÏQUE DE LA TULIPE

Les pétales marbrés des tulipes, véritables "friandises visuelles", sont signes de rareté et de flamboyance dans la Hollande du XVIIᵉ siècle. On ignore alors totalement ce qui déclenche ces transformations et de nombreux expérimentateurs cherchent la méthode la plus efficace pour obtenir les panachages recherchés. Ils sont en fait le fruit de la présence d'un virus, le potyvirus, appelé aussi "virus de la mosaïque de la tulipe" !

AUGIER GHISLAIN DE BUSBECQ

SOLIMAN LE MAGNIFIQUE

VIENNE

CONSTANTINOPLE

SEMPER AUGUSTUS

VICEROY VIOLETTEN

RACINE DE SORCIÈRES

LA MANDRAGORE

LA PLANTE DES RÊVES

La mandragore est une plante entourée de mystères. Tout bon apothicaire sait où en trouver. Il l'utilise pour des remèdes sous forme de poudres, infusions, décoctions, sirops, onguents. En Europe, du IXe au XVIe siècle, on l'emploie comme anesthésique lors des opérations chirurgicales, mais on redoute ses propriétés vénéneuses. Le botaniste flamand Charles de l'Écluse (1526-1609) prétend que les fruits de la mandragore placés sous l'oreiller favorisent un sommeil calme et profond : la mandragore contient un narcotique qui provoque un sommeil plein de rêves.

Il faut de l'audace – ou un peu de folie – pour expérimenter et utiliser ces plantes en justes proportions. À cette époque, il est peu connu que, appliqués extérieurement ou pris à très faibles doses, les poisons peuvent être d'efficaces médicaments.

MAGIE ET SORCIÈRES SATANIQUES

Aucune plante au monde n'a fait couler autant d'encre que la mandragore ! Au Moyen Âge, où l'on connaît encore mal les plantes, on lui attribue des pouvoirs magiques. Associée à d'autres plantes toxiques comme le datura, la jusquiame ou la belladone, la mandragore entre dans la composition de potions et de philtres magiques. Elle doit son succès à la forme de sa racine qui rappelle une silhouette humaine et à ses composés chimiques, puissants hallucinogènes qui font d'elle une plante magique et mystérieuse. On la dit capable d'apporter la richesse, de guérir les maladies, de prédire l'avenir mais aussi de jeter le mauvais sort, selon l'usage qu'en font les magiciens. La mandragore cause une immense frayeur. Une légende raconte que le végétal hurle lorsqu'on le déracine et qu'il vaut mieux, pour le recueillir sans entendre son cri insoutenable (que l'on retrouve dans les aventures d'Harry Potter), se boucher les oreilles et se munir d'un chien. L'animal, attaché par une corde à la racine, a pour mission d'arracher la plante dans sa fuite. Ces légendes permettent aux charlatans de vendre la plante très cher !

Les guérisseuses et les sages-femmes sont pendant des siècles les médecins du peuple. Les guérisseuses en particulier conservent de mère en fille leur savoir sur les plantes, leurs remèdes utiles pour apaiser l'estomac, ouvrir l'appétit ou calmer les douleurs... Leur complicité avec des plantes dangereuses fait qu'on les associe souvent à des empoisonneuses, des magiciennes (pour qui la vie est particulièrement difficile à cette époque) ou des sorcières qui inspirent la peur. La psychose se cristallise aux XVIe et XVIIe siècles : on soupçonne ces "sorcières" d'adorer le diable. On les traque et on les condamne au bûcher. Cette guerre organisée spécialement contre les femmes et les remèdes populaires va mettre un frein aux pratiques traditionnelles.

UNE RACINE MÉDITERRANÉENNE

La mandragore est une petite plante de la région méditerranéenne. Elle pousse près du sol, un peu comme une salade, et sa racine peut atteindre des dimensions impressionnantes.
Elle ne pousse pas en France mais on la trouve en Afrique du Nord, en Italie, en Espagne ou en Grèce. Elle n'est plus utilisée en thérapeutique.

DATURA

BELLADONE

JUSQUIAME

MANDRAGORE

XVIᵉ & XVIIᵉ SIÈCLES

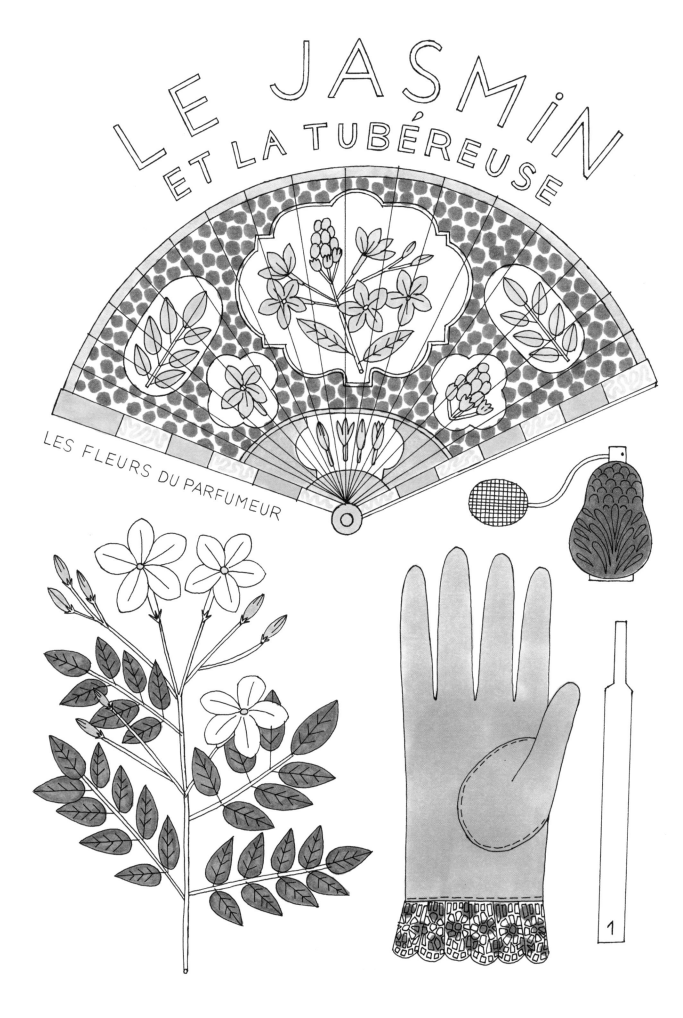

LE JASMIN
ET LA TUBÉREUSE

LES FLEURS DU PARFUMEUR

1

LA MODE DES GANTS PARFUMÉS

C'est la mode des gants de peau qui est à l'origine du développement de la parfumerie, dont la région de Grasse va devenir le centre à partir du milieu du XVIe siècle. La confection de ces gants parfumés exige une série d'opérations délicates : il faut découper les peaux, les coudre et les "mettre en fleurs" dans des caisses où elles sont disposées en alternance avec des lits de jonquilles, de violettes, de jacinthes, de roses ou de tubéreuses. L'habileté des parfumeurs grassois est reconnue dans toute l'Europe. Le roi Louis XIV permet à la parfumerie française de se hisser au premier rang des industries du luxe.
À la cour de Versailles, les gants et les éventails parfumés sont d'abord un moyen de se protéger des épidémies et d'éviter le contact de l'eau que l'on considère dangereuse. Ils créent un véritable "halo" odorant autour de la personne qui les porte, conservant le souvenir de son passage dans une pièce.

JASMIN ET TUBÉREUSE : INGRÉDIENTS DE PARFUMS

Le jasmin, originaire d'Inde, est introduit à Grasse vers 1560, tout comme la tubéreuse, une curieuse plante originaire d'Amérique rapportée de Perse en 1632 par un religieux botaniste. Ce voyage a été financé par le savant Nicolas-Claude Fabri de Peiresc (1580-1637), ami de l'astronome Galilée et du peintre Rubens. Depuis le sud de la France, il organise un véritable réseau de chercheurs qui l'informent des dernières découvertes et curiosités. Sa correspondance avec ses nombreux amis installés à Paris, à Londres, à Alep et en Éthiopie, mais aussi avec des centaines d'informateurs et marchands d'Europe et du Moyen-Orient, est fructueuse. La tubéreuse, comme le jasmin, est une plante rare à l'époque en France. Le savant fait pousser dans son jardin du sud de la France différentes variétés de jasmin, ou encore le styrax, dont on tire une résine odorante : le benjoin.
La cité de Grasse (à quelques kilomètres de là) bénéficie d'un climat d'une douceur idéale pour la culture des plantes à parfum. La tubéreuse, le jasmin et la rose cent-feuilles vont jouer dès le XVIIe siècle un rôle important dans la fortune de la ville.

GRASSE, CAPITALE DES PARFUMS, VILLE USINE

Au XIXe siècle, les industriels grassois vont faire de leur ville un haut lieu de recherche. Grasse devient la capitale mondiale des parfums et la plaque tournante de matières premières naturelles.
En Algérie, l'industriel français Léon Chiris (1839-1900) construit un véritable empire commercial autour de l'exploitation des orangers, des acacias, des eucalyptus... Il établit des comptoirs en Tunisie, en Bulgarie, à La Réunion et au Tonkin (Vietnam actuel). En 1891, il reçoit même à dîner la reine Victoria.
À partir de 1920, des parfums de synthèse commencent à apparaître sur le marché, inventés par des chimistes qui sont parvenus à reproduire industriellement l'odeur de vanille ou le parfum de la violette. Ces fragrances remplacent peu à peu les fleurs. Le coût de production des parfums baisse.

UN "NEZ"

Aujourd'hui, la création des nouveaux parfums est confiée à des créateurs parfumeurs que l'on appelle les "nez". Ils ont des facultés olfactives exceptionnelles et de bonnes connaissances en chimie. Comme des musiciens, ils assemblent trois notes : une note de tête, une note de cœur et une note de fond pour apporter à la composition du parfum toute sa subtilité. Le "nez" possède devant lui un orgue à parfums, sorte de clavier en demi-cercle contenant des dizaines de flacons d'essences. Il est capable de mémoriser entre deux mille et quatre mille odeurs !

POUR UN LITRE D'ESSENCE DE JASMIN

Un bon cueilleur de Grasse ne ramasse en une heure que 500 grammes de fleurs de jasmin. Sept millions de fleurs sont nécessaires pour fabriquer 1 litre d'essence de jasmin à vaporiser. Parmi plus de 200 espèces, 3 sont les plus utilisées en parfumerie : le jasmin blanc, le jasmin à grandes fleurs et le jasmin odorant. À Grasse, la surface cultivée de jasmin se limite aujourd'hui à quelques hectares. La récolte se déroule du mois d'août à octobre.

TUBÉREUSE 1632

JASMIN 1560

GRASSE 1560

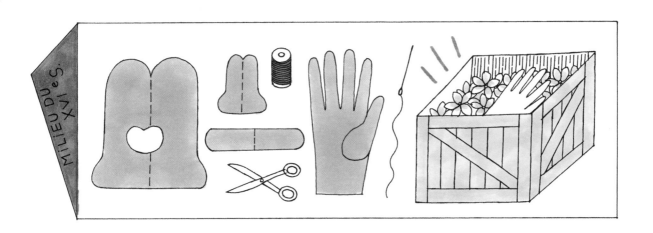

MILIEU DU e S. XVI e S.

COUR DU ROI LOUIS XIV

MIDI DE LA FRANCE VERS 1600

1891 LA REINE VICTORIA

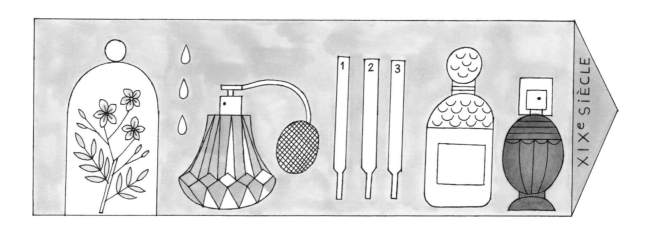

XIXᵉ SIÈCLE

COMMENT DEVENIR
UN BON VOLEUR
D'ÉPICES ?

LE GIROFLiER
AROMATiQUE

DES NOUVELLES DE PONDICHÉRY

Le roi Louis XIV décide en 1664 de créer la Compagnie française des Indes orientales pour permettre des échanges directs avec l'océan Indien et résister à la puissance commerciale des Hollandais. En Inde, la France dispose de cinq comptoirs : Pondichéry, qui est le plus important d'entre eux, Karikal et Yanaon à proximité, Chandernagor au Bengale et Mahé sur la côte de Malabar. Les marchands français espèrent ainsi se fournir à la source et payer moins cher épices et aromates. Pendant plus d'un siècle, les bateaux de la compagnie rapportent en France café, thé, poivre, cotonnades, soieries et autres mousselines venues de Chine et d'Inde. Parallèlement, le développement de la parfumerie accroît la demande en benjoin et en giroflier. La palette du parfumeur s'enrichit de ces matières premières. Apprécié pour ses vertus médicinales et olfactives, le clou de girofle est l'objet de toutes les convoitises.

PIERRE POIVRE, LE FLIBUSTIER DES ÉPICES

L'agronome Pierre Poivre (1719-1786), au nom prédestiné, consacra une grande partie de sa vie à la recherche des épices. Après des études chez les missionnaires, il entreprend en 1741 le premier de ses trois voyages en Extrême-Orient : il passe le cap de Bonne-Espérance et il rejoint la Chine. Il apprend rapidement le chinois mais, en 1745, il est dégagé de son engagement religieux, son goût de l'aventure ayant vite éteint sa vocation de prêtre. Sur le navire du retour vers la France, ce drôle de missionnaire subit une attaque anglaise et un boulet de canon lui arrache la main droite. Fait prisonnier, il est amputé de l'avant-bras puis débarqué à Batavia (actuelle Jakarta, en Indonésie). Il y passe de longs mois, emprisonné par les Anglais, et découvre les senteurs exotiques du poivre, des épices, du thé et du girofle qui se répandent dans toute la ville. Poivre observe attentivement le commerce des Hollandais. En effet, la Compagnie française des Indes, qui a dû progressivement renoncer au négoce des épices monopolisé par les Hollandais, doit leur acheter la plus grande partie de ce qu'elle importe. La compagnie néerlandaise a organisé la culture des épices sur les seules îles de Ternate et d'Amboine, où poussent en abondance poivriers, muscadiers, girofliers, et ont fait arracher tous les pieds des autres îles de l'archipel. Mais Poivre est persuadé que dans certains îlots, les épices ont échappé à la destruction. Libéré, il prend la mer en direction de l'île de France (île Maurice), après une escale à Pondichéry. Il estime que les Mascareignes (archipel formé de trois îles : La Réunion, l'île Maurice et Rodrigues) sont un terrain idéal pour ces plantes.

Au péril de sa vie, il tente de se procurer des plants et des graines de girofliers et de muscadiers. Son obstination finit par triompher : en 1770, au bout de vingt ans de recherches, l'expédition qu'il organise remporte avec elle 450 pieds de girofliers vivants et une caisse de graines pour les Mascareignes. Ses efforts sont récompensés au-delà de ses espérances. Nommé quelques années plus tôt Intendant de l'archipel des Mascareignes, il crée le jardin de Pamplemousses à l'île Maurice, l'un des plus beaux jardins botaniques tropicaux du monde. Il quitte ses fonctions après avoir acclimaté le girofle et le muscadier mais aussi le manguier, le sagoutier, l'arbre à pain, le litchi ou le longane de Chine.

ÎLES TROPICALES, ESCALES ET RÉFLEXION SUR L'ENVIRONNEMENT

Confronté aux dommages environnementaux de l'expansion européenne, Poivre dénonce le déboisement inconsidéré de l'île Maurice, conséquence de l'économie de plantation sucrière. "Encore quelques années de destruction, proclame-t-il, et l'isle de France ne sera plus habitable ; il faudra l'abandonner." Il est très préoccupé par l'érosion des sols et la sécheresse. Sur place, il va développer un programme de conservation forestière en limitant les défrichements et replantant des espèces tropicales.

MYSTÉRIEUX CLOU DE GIROFLE

Le giroflier est un arbre fortement aromatique qui peut mesurer jusqu'à 20 mètres de haut. Au bout de ses rameaux pousse un grand nombre de petites fleurs. On récolte les boutons floraux séchés avant leur éclosion : les célèbres clous de girofle. Le girofle est un anti-inflammatoire, un très bon anesthésiant local et un antiseptique efficace.

你好

PIERRE POIVRE 1719-1786

1741

CHINE, 1745

BOUM

BATAVIA

ÎLE MAURICE

RODRIGUES

LA RÉUNION

L'EXPÉDITION DE BOUGAINVILLE (1766-1769)

Dans la seconde moitié du XVIIIe siècle, toute l'Europe est saisie d'une véritable passion botanique. Les voyageurs accumulent les connaissances et les expériences. Louis-Antoine de Bougainville (1729-1811), un jeune mathématicien que rien ne destinait à devenir marin et explorateur, conçoit le projet d'un voyage autour du monde. Il a pris goût à la navigation lors de ses campagnes militaires au Canada. Le 5 décembre 1766, à bord de sa frégate à trois mâts *La Boudeuse*, il quitte le port de Brest pour un voyage de trois ans durant lequel il va sillonner le monde et les îles du Pacifique. Si plusieurs navires commerciaux ont déjà réalisé cet exploit, il s'agit du premier tour du monde français officiel. L'objectif du voyage est multiple : explorer le Pacifique, rechercher l'hypothétique continent austral, reconnaître et conquérir de nouvelles colonies, identifier de nouvelles plantes et épices...

NATURALISTE ET ASTRONOME À BORD

Pour la première fois, des savants, un cartographe, un naturaliste et un astronome sont aussi du voyage. Le 13 juin 1767, *La Boudeuse* et *L'Étoile* jettent l'ancre dans la baie de Rio de Janeiro, après avoir longé les côtes luxuriantes du Brésil. Le médecin botaniste de l'expédition, Philibert Commerson (1727-1773), part herboriser dans les alentours. Il s'extasie devant l'exubérance de la végétation et la diversité botanique de la région. Il recense plus de 1 800 espèces de végétaux et découvre avec éblouissement un arbre qui pousse à plusieurs mètres de haut, et dont les fleurs ressemblent à des feuilles. Dans l'enthousiasme de sa découverte, il dédie cette nouvelle plante à son capitaine Louis-Antoine de Bougainville : elle s'appellera désormais *"Bougainvillea"* ! De là, les deux bateaux entament un périple qui les conduit dans l'océan Pacifique. Après avoir franchi le détroit de Magellan, ils passent au large des atolls (îles coralliennes) de Vahitahi et d'Akiaki, et font escale à Tahiti, que Bougainville décrit en détail

dans le récit de son voyage. L'expédition rend aussi célèbre l'hortensia, que Commerson découvre aux Mascareignes. Le récit du voyage de Bougainville, publié dès son retour sous le titre *Voyage autour du monde*, connaît un immense succès populaire ; il inspire les philosophes des Lumières et notamment Diderot qui écrira un *Supplément au voyage de Bougainville* en 1796. Quant à Bougainville, il plaisante en disant : "Je mets l'espoir de ma renommée dans une fleur."

EN CAS DE TEMPÊTE

Jusqu'au XVIIIe siècle, la longueur des voyages et les conditions de navigation rendent difficile le transport des plantes. Les caisses installées sur le pont ne doivent pas gêner les manœuvres. Lors des tempêtes, elles doivent pouvoir être facilement déplacées et mises en cale pour les préserver des embruns et de l'eau salée. Les plantes doivent aussi être protégées des excès du vent, de la pluie, du soleil et du froid... Un soin particulier est apporté à l'arrosage, qui doit être régulier. Il s'effectue en prélevant l'eau sur la ration de l'équipage, en collectant l'eau de pluie ou encore en dessalant l'eau de mer. Enfin, il faut veiller à ce que les rats et les souris présents sur les bateaux ne s'attaquent pas aux végétaux. De retour de son voyage autour du monde, le naturaliste Philibert Commerson donne de nombreuses indications sur la meilleure façon de faire voyager les plantes.

SURPRENANTES BRACTÉES

Le bougainvillier est une liane originaire des forêts tropicales d'Amérique du Sud dont la fleur ne possède pas de pétales, mais des bractées, qui sont des petites feuilles aux couleurs vives qui imitent les pétales.

HORTENSIA

DIDEROT, 1796

SUPPLÉMENT AU VOYAGE DE BOUGAINVIL...

FRANGIPANIER

LA BOUDEUSE

L'ALPHABET DE LINNÉ

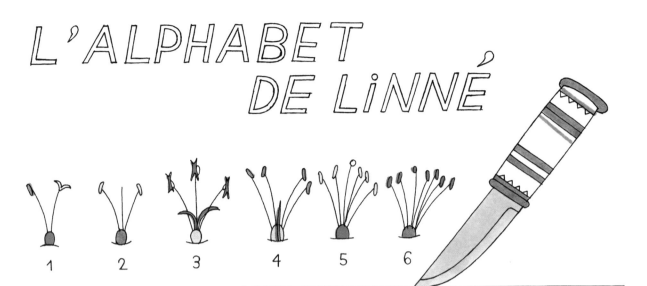

1 2 3 4 5 6

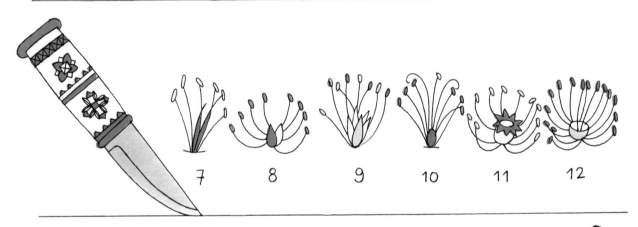

7 8 9 10 11 12

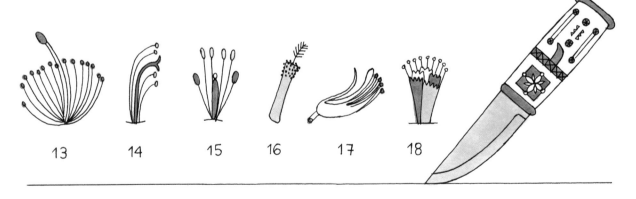

13 14 15 16 17 18

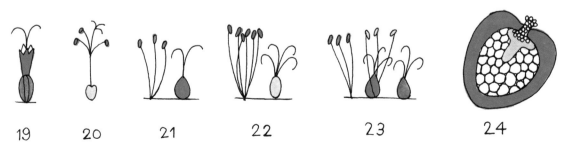

19 20 21 22 23 24

NAISSANCE DE LA BOTANIQUE

Aux XVIIᵉ et XVIIIᵉ siècles, le nombre de plantes identifiées ne cesse de croître. Les inventaires de plantes accumulés au fil des siècles forment une masse chaotique de données peu exploitées. Le botaniste et naturaliste suédois Carl von Linné (1707-1778) va consacrer tous ses efforts à la recherche d'un nouveau type d'organisation et de classification systématique des plantes. La botanique devient une discipline à part entière. Avant lui, de nombreuses tentatives sont menées pour classer les plantes. Le médecin français Pierre Magnol (1638-1715) est l'un des premiers à proposer une classification naturelle.

CERCLE POLAIRE ET BOTANIQUE

Lors de son expédition en Laponie à l'été 1732, Linné, alors âgé de vingt-cinq ans, part explorer la flore lapone dans le Grand Nord européen peuplé de lemmings (petits rongeurs), de lièvres, de renards et de rennes. Dans ces régions où la température dépasse rarement 10 °C, la plupart des plantes ne poussent que pendant la courte période d'été, au ras du sol, pour se protéger du froid et du vent. Linné recense plus de 500 espèces dont 100 nouvelles et recueille une foule d'observations sur les mœurs lapones. De ce voyage scientifique, il rapporte des informations qu'il rassemble dans une publication très documentée, *Flora lapponica*. Il survit sur ces terres boréales grâce aux Lapons, dont il admire la vie nomade. Homme de méthode, son art consiste à décrire avec soin des espèces, à les nommer et à les classer. Linné fait scandale en proposant un classement des plantes à fleurs selon leur genre – mâle (étamines) et femelle (pistils). Même s'il n'est pas le premier à les évoquer, Linné va beaucoup contribuer à faire connaître ces idées nouvelles. Dans son système de classification, les plantes sont réparties en 24 classes, et les classes réparties en ordres selon le caractère du pistil, le nombre et la disposition des étamines. Aujourd'hui son système de classification a été complété par un autre plus fiable qui prend en compte non seulement les étamines et les pistils mais un grand nombre d'autres caractères observables.

DANS LE SECRET DES NOMS DE FLEURS

Lorsqu'ils devaient communiquer entre eux, il n'était pas facile pour les scientifiques de se comprendre car les noms et les systèmes de classification différaient pour une même espèce. Personne ne savait vraiment de quelle fleur il s'agissait. Linné réussit à généraliser et systématiser un véritable langage international de dénomination des plantes, dérivé du latin, qu'il étend aux animaux par la suite. Une sorte d'alphabet de la botanique. À chaque espèce, il donne deux noms : le premier correspond au nom du genre, le second à celui de l'espèce. La pâquerette, par exemple, qui était nommée par *"Bellis scapo nudo unifloro"*, devient *"Bellis perennis"*. Les différentes espèces du genre vanille prennent le nom de *Vanilla planifolia, africana, tahitensis...* Ainsi, tous les scientifiques, même s'ils ne parlent pas la même langue, savent de quelle fleur il s'agit. Ce système a montré son efficacité et, à ce jour, près de 270 000 espèces de plantes à fleurs et 1,75 million d'espèces d'animaux ont été décrites selon cette nomenclature. Un véritable champ de noms ! Un nombre considérable d'espèces reste encore à découvrir.

CLASSER, PENSER

Les systèmes de classification et de combinaison (de plantes, d'animaux ou d'étoiles) ont toujours existé chez les peuples de tous les continents. Les populations dogons, en Afrique, classent par exemple les végétaux en 22 familles principales qu'ils associent à diverses symboliques.

LIÈVRE

RENNE

ÉTÉ 1732 : SÉJOUR DE LINNÉ EN LAPONIE

RENARD

LES LAPONS

LE SAFRAN

UNE FLEUR QUI VAUT DE L'OR

UN BULBE VOYAGEUR

Le safran est cultivé depuis des siècles dans le monde occidental. Les Arabes ont diffusé cette petite fleur violette en Afrique du Nord et en Espagne dès le IXᵉ siècle. Ce n'est pas une épice brûlante comme le piment ou le poivre mais une épice douce qui exalte les saveurs et séduit l'esprit. Le XVIᵉ siècle marque l'apogée de sa culture en Occident. Il prospère partout : en Grèce, en Suisse, en Autriche, en Italie, en Espagne, en France... et son commerce porte sur des quantités énormes. Puis, au XVIIᵉ siècle, la culture du safran décline en Europe. L'élite se délecte des nouveaux ingrédients exotiques rapportés d'Orient ou du Nouveau Monde, comme le cacao, le café, le thé, la vanille ou la muscade qui diversifient les saveurs. Au siècle suivant, c'est tout juste si on se souvient que le safran a des usages culinaires. Dans l'*Encyclopédie*, Diderot écrit : "Le safran est employé dans les cuisines à titre d'assaisonnement, chez quelques peuples d'Europe, fort peu en France, du moins dans les bonnes tables."

LA FLEUR ET L'ÉPICE

Le safran est une fleur qui pousse près du sol et dont on distingue bien les trois stigmates rouges (extrémités du pistil). Son prix astronomique n'est pas lié à sa rareté mais au coût de la main-d'œuvre nécessaire à sa récolte : de la fleur, on ne conserve que les trois stigmates séchés pour parfumer des milliers de plats (*paella valenciana*, bouillabaisse marseillaise, soupes de poisson ou encore risotto milanais). Le pouvoir colorant du safran est considérable. Ses pigments donnent un jaune chaud et lumineux. Son nom vient d'ailleurs de l'arabe *za'farân*, lui-même dérivé de *assfar* qui signifie "jaune". Une légende de la Renaissance italienne raconte que le risotto milanais, coloré au safran, serait né par accident quand une préparation de safran destinée à la peinture de la fresque d'une église tomba dans la marmite du maçon !

UNE FLEUR EN AUTOMNE !

Contrairement à la plupart des autres plantes qui fleurissent au printemps, les fleurs de safran, curiosité botanique, apparaissent à l'automne quand les jardins sont dépouillés.
La cueillette des fleurs a lieu chaque matin pendant quinze à vingt jours. Il faut environ 150 fleurs pour obtenir 1 gramme de safran sec et donc 150 000 pour 1 kilo de la précieuse épice !

SAFRAN

IXe SIÈCLE

CUEILLETTE DES FLEURS

PAELLA VALENCIANA

RISOTTO MILANAIS

BOUILLABAISSE
MARSEILLAISE

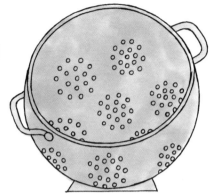

XVIe SIÈCLE EN EUROPE

SOUPE DE
POISSON

LA
ROSE

LA PLUS ROMANTIQUE
DES FLEURS

月月红

UNE ROSE CHINOISE EN EUROPE

Au milieu du XVIIIe siècle, aucun Européen
n'est autorisé à pénétrer en Chine. Seule l'ouverture
du port de Canton au commerce étranger permet
aux Occidentaux de découvrir les richesses botaniques
chinoises, en particulier dans les grandes pépinières
de Fa-tee situées près des docks, qui excitent
l'admiration et provoquent la stupéfaction des visiteurs.
Elles deviennent un lieu familier des commerçants
et des responsables de la Compagnie britannique
des Indes orientales lors de leurs séjours à Canton.
Les pépinières vendent des fleurs coupées, des graines
et des plantes de toutes sortes (chrysanthèmes,
pivoines, bonzaïs, agrumes, camélias, azalées),
elles louent même des fleurs en pot pour les fêtes.
En 1789, un capitaine de vaisseau appartenant
à la compagnie découvre un rosier surprenant :
son coloris rouge pur est tout à fait inhabituel
à l'époque en Europe, et il fleurit sans discontinuer
d'avril à octobre. Il le rapporte en Angleterre
et le confie à Gilbert Slater, un des directeurs
de la Compagnie britannique des Indes. Celui-ci
en fait des boutures qu'il distribue à ses amis.
Dans toute l'Europe, le "goût chinois" fait fureur.
Les roses de Chine participent à cet engouement.
Leur arrivée va changer en profondeur le monde
des roses en se croisant à leurs sœurs européennes.
Elles sont les ancêtres de nos roses modernes.

UN AUTOMNE À CANTON

Les Anglais ont été les premiers à installer
un comptoir sur les bords de la rivière des Perles.
Pendant la saison commerciale, les magasins
fourmillent de commerçants excités et de marins
turbulents qui restent confinés dans un quartier
réservé – les factoreries de Canton – avec interdiction
d'en sortir. Les navires occidentaux mouillent
dans l'avant-port de Canton, où les jonques fluviales
acheminent les marchandises aux entrepôts étrangers
pour les charger ensuite sur les navires en partance
pour Londres. On quitte l'Europe en hiver pour parvenir
à Canton à la fin de l'été, on en repart en décembre.

Les naturalistes anglais qui accompagnent les marins
sont curieux de connaître les secrets de jardinage
des Chinois, qui ont une longue tradition
d'horticulture sophistiquée.

AU CŒUR DE LA VALLÉE DES ROSES

De nos jours, le 14 février, à la Saint-Valentin, on fête
les amoureux. La tradition est d'offrir des roses à celui
ou celle qu'on aime. Mais voilà, les roses ne fleurissent
pas l'hiver en Europe. Alors on importe des millions
de roses des pays du Sud où le climat hivernal
correspond à celui de l'été européen : il fait
chaud en journée et frais la nuit. Le Kenya est
actuellement le premier exportateur de fleurs coupées,
majoritairement des roses, à destination de l'Europe.
Les grandes exploitations sont installées autour
d'un lac situé à 1 800 mètres d'altitude. Sécateur
en main, les ouvriers, principalement des femmes,
parcourent les longues allées de rosiers à la recherche
de boutons presque éclos. Cette culture tropicale
des fleurs pose de nombreux problèmes écologiques
à cette région, à son lac et à ses rivières. Là-bas,
les fleurs ont du soleil mais elles nécessitent
aussi beaucoup d'eau, une ressource rare et précieuse
des pays africains.

LE PORT DE CANTON

LE PAVOT

DANS LES VAPEURS D'OPIUM

LE COQUELICOT D'ORIENT

Ce sont les Arabes qui ont probablement le plus contribué à la diffusion dans le monde du pavot à opium et de ses usages. La plante est une sorte de gros coquelicot aux jolies fleurs blanches, violettes, rouges ou roses, qui fleurit en été. On récupère le suc blanc laiteux qui s'écoule de sa capsule lorsqu'on l'incise. Les médecins arabes ont propagé sa réputation d'antidouleur (sous la forme d'infusion de capsule) et l'ont introduit en Inde et en Chine au Xᵉ siècle.

FINANCER L'ENTREPRISE COLONIALE

Après que le missionnaire espagnol Fray Ramón Pané, qui accompagne Christophe Colomb en 1493, a observé des Indiens inhaler du tabac à Hispaniola (île des Grandes Antilles divisée aujourd'hui en deux États indépendants, Haïti et la République dominicaine), s'ouvre une ère de diffusion des narcotiques. À partir du XVIIIᵉ siècle, on commence à fumer l'opium. L'introduction en Asie du Sud-Est de la pipe et du tabac par les Portugais et les Espagnols, et leur diffusion ensuite par les Hollandais vont donner une impulsion à la consommation d'opium. C'est en grande partie grâce aux revenus de cette plante que l'Angleterre finance la construction de son empire colonial.

LES GUERRES DE L'OPIUM

À la fin du XVIIIᵉ siècle, la Compagnie britannique des Indes orientales introduit la monoculture du pavot au Bengale. L'opium est produit à faible coût dans les régions indiennes sous contrôle britannique, puis les navires transportent vers Canton les caisses au format standardisé de 65 kilos de drogue. Les Anglais, qui font un important commerce de thé avec la Chine, trouvent dans cette substance une monnaie d'échange autre que les lingots d'argent, seul paiement admis jusque-là par les Chinois.

Motivés par ces raisons commerciales, ils mettent en place un stratagème diabolique : ils inondent le pays de cette drogue redoutable, par l'intermédiaire de fonctionnaires chinois corrompus. Les Chinois en deviennent rapidement dépendants et se ruinent pour s'en procurer. Excédé, l'empereur tente d'en interdire le commerce et fait détruire des caisses entreposées à Canton. Les Anglais sont scandalisés par l'action chinoise : la guerre de l'opium est déclarée. Les frégates anglaises affrontent les jonques de guerre chinoises dans la rade de Hong Kong. Après deux années de guerre, les Chinois doivent accepter d'ouvrir de force cinq de leurs ports au commerce européen et de céder Hong Kong à l'Angleterre. Le nombre de Chinois dépendants passe de 2 millions en 1840 à quelque 15 millions soixante ans plus tard ! La première guerre de l'opium, suivie d'une seconde, marque le début de l'ouverture forcée de la Chine au commerce extérieur.

UN PUISSANT ANTIDOULEUR

À partir de l'opium, on fabrique aussi la morphine, un médicament efficace pour lutter contre la douleur. La capsule du pavot renferme des graines inoffensives que l'on peut saupoudrer sur des pâtisseries ou des petits pains croustillants. On sait peu de choses sur l'origine du pavot (qui n'a jamais été trouvé à l'état sauvage). Il serait originaire d'Asie Mineure, peut-être de Méditerranée occidentale ou encore de Suisse !

BAIE DE HONG KONG

LA GUERRE DE L'OPIUM

L'ORCHIDÉE

BIJOU BOTANIQUE

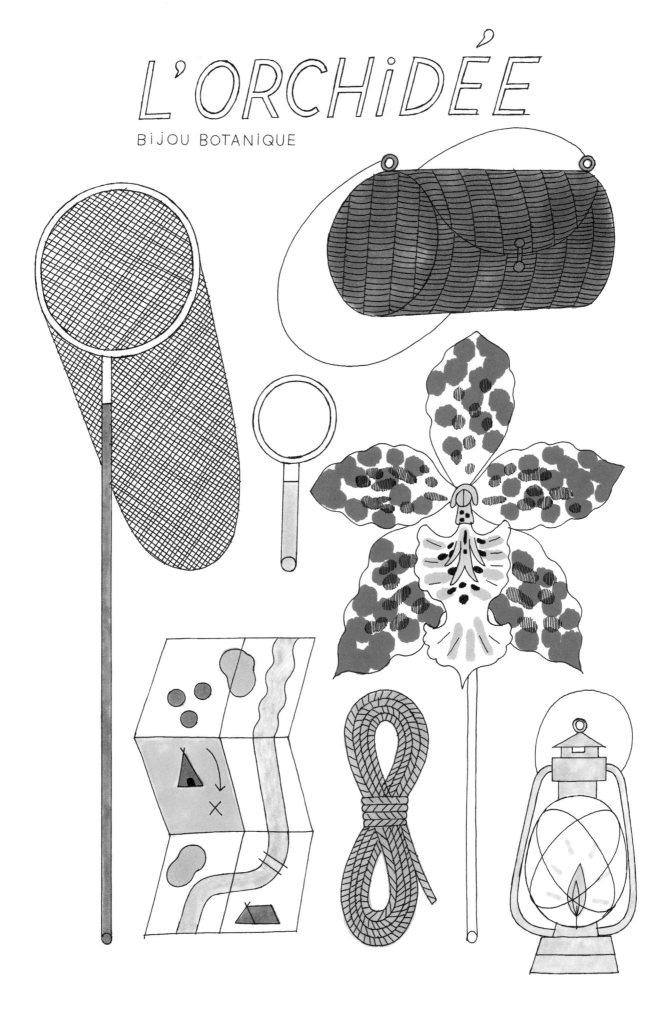

ORCHIDÉES DU BOUT DU MONDE

Des expéditions périlleuses sont menées
aux XVIIIe et XIXe siècles à la recherche d'orchidées.
Des bords de l'Amazone aux jungles indiennes,
des aventuriers parcourent des milliers de kilomètres
dans des marécages infestés de moustiques
ou de fourmis et traversent des forêts denses
et humides où la lumière atteint difficilement le sol.
Les orchidées tropicales poussent en hauteur,
sur le tronc des arbres, pour laisser leurs fleurs
s'épanouir à la lumière. Elles semblent vivre
en dehors des lois des autres végétaux. Elles utilisent
le support de l'arbre sans le parasiter : on les appelle
des orchidées épiphytes. Leurs fleurs sont très belles,
de formes et de couleurs infiniment variées.
Leur architecture sophistiquée est unique dans
le monde végétal.

COMMERCE DE LUXE

L'essor de la culture des orchidées a été rendu possible
par la construction de serres de métal et de verre
au milieu du XIXe siècle, comme le Crystal Palace,
une immense serre créée durant le règne de la reine
Victoria et destinée à montrer les richesses de l'Empire
britannique. C'est aussi une prouesse d'ingénierie.
Seule la frange la plus aisée de la population pouvait
s'offrir des serres chauffées où pratiquer ce jardinage
de luxe. Des industries entières se sont bâties
autour de la culture des orchidées. On estime
que chaque année, vers la fin du XIXe siècle,
entre 3 et 5 millions de spécimens sont rapportés
en Europe pour satisfaire l'appétit des spéculateurs.
L'orchidologue, pépiniériste et homme d'affaires
anglais Frederick Sander (1847-1920) en est l'un
des gros importateurs. Il envoie des collecteurs
parcourir le monde à la recherche de plantes uniques.
Une passion destructrice pour l'environnement.
Il n'est pas rare que l'on fasse abattre des milliers
d'arbres pour obtenir quelques centaines de pieds
d'une espèce, et que parfois toute une cargaison
(de 20 000 ou 30 000 orchidées) ne survive pas
au voyage de l'Amérique du Sud vers l'Europe.

L'ORCHIDÉE ET LE PAPILLON : PARTENAIRES DE L'ÉVOLUTION

Au début de l'année 1862, le savant anglais
Charles Darwin (1809-1882), passionné d'orchidées,
reçoit dans un colis envoyé par un de ses correspondants
une fleur extraordinaire : l'orchidée-comète
de Madagascar qui cache son nectar au fond
d'un long éperon (une sorte de tube qui peut mesurer
jusqu'à 30 centimètres). Comment la plante est-elle
pollinisée ? Darwin fait l'hypothèse suivante :
"À Madagascar il doit exister des papillons nocturnes
avec des trompes susceptibles d'avoir une longueur
comprise entre 25 et 27 cm !" Une hypothèse
qui se vérifie par la suite, avec la découverte
dans la jungle malgache du sphinx, un papillon
nocturne qui aspire au moyen de sa trompe
le nectar de la fleur et en même temps colle
sur sa tête ou sur son abdomen les amas de pollen
qu'il transporte d'une fleur à l'autre. D'après Darwin,
la plante et l'animal se seraient adaptés l'un à l'autre
au cours du temps.

DES ESPÈCES PROTÉGÉES

On a répertorié environ 20 000 espèces d'orchidées,
ce qui en fait l'une des plus grandes familles
de plantes. Grâce à la convention de Washington
en vigueur depuis 1975, la cueillette des orchidées
est formellement interdite partout dans le monde,
mais la destruction des forêts tropicales humides fait
peser une lourde menace d'extinction sur les espèces
épiphytes.

LE LANGAGE DES FLEURS

DES FLEURS POUR SE DONNER RENDEZ-VOUS

ROSE ROUGE *PASSION*

MYOSOTIS *FIDÉLITÉ*

BLEUET *TIMIDITÉ*

MUGUET *PORTE-BONHEUR*

JONQUILLE ATTENTE

PÂQUERETTE *TENDRESSE*

IRIS *CONFIANCE*

PENSÉE *AMOUR SINCÈRE*

VIOLETTE *MODESTIE*

ARUM *DÉSIR*

CHARDON *TOUT EST FINI*

TOUTE UNE SYMBOLIQUE

Dans le langage des fleurs, chaque espèce
est un symbole qui permet de transmettre
des messages cachés. À chaque fleur est associée
l'expression d'un sentiment. Offrir des fleurs devient
le moyen de faire passer un message à déchiffrer :
le myosotis (*forget-me-not* en anglais : ne m'oublie pas),
par exemple, symbolise la fidélité mais aussi
la crainte de ne plus être aimé. On peut tout dire avec
un bouquet de roses. La couleur de la fleur joue aussi
beaucoup dans la signification du message : les roses
rouges, par exemple, témoignent de l'amour
et de la passion, les blanches d'un amour pur
et raffiné, les jaunes sont le symbole de l'amitié,
de la joie et de l'affection tandis que les roses roses
expriment un amour tendre et doux.
Si un bouquet contient un glaïeul au milieu
d'autres fleurs, le nombre de ces fleurs indique
l'heure d'un rendez-vous.
Né dans les sérails du sultan turc, ce langage
fut diffusé en Europe au début du XVIIIe siècle
grâce aux lettres d'une Anglaise, Lady Montagu
(1689-1762), grande voyageuse et épistolière, qui avait
découvert dans les harems ce mode de communication
par voie de pétales. Il permettait de déclarer
sa flamme, d'exprimer son bonheur ou sa déception
par un bouquet de sous-entendus. Ce langage
a été particulièrement populaire dans l'Angleterre
du XIXe siècle.

SI LE CŒUR VOUS EN DIT...

- **Visiter un jardin botanique**
Les jardins botaniques sont des lieux idéaux pour se ressourcer, se détendre et se cultiver. Plus de 400 jardins de ce type existent en Europe. Invitations à la découverte du monde végétal, ils sont aussi des havres de paix au cœur des villes, riches en plantes rapportées des quatre coins du monde. Des lieux apaisants, au calme, pour rêver.

- **Découvrir un muséum d'histoire naturelle**
Le Muséum d'Histoire naturelle de La Rochelle possède de riches collections des naturalistes du XVIIIe siècle, notamment des objets rapportés par Louis-Antoine de Bougainville ou Dumont d'Urville. Un magnifique musée pour s'ouvrir sur trois siècles d'explorations naturalistes et s'émerveiller devant des coquillages, des masques océaniens ou des poissons exotiques.
À La Rochelle : www.museum-larochelle.fr
À Paris : www.mnhn.fr

- **Créer un "jardin de simples"**
Un pot de fleurs fera très bien l'affaire. On peut y planter des plantes médicinales et aromatiques comme le thym, connu pour apaiser la toux, le romarin, idéal pour soulager les troubles digestifs, la sauge, pour traiter les plaies légères et les aphtes, atténuer les crampes d'estomac, la passiflore pour ses vertus apaisantes, et observer la germination des graines et la croissance des plantes.

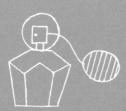

- **Rendez-vous au musée international de la Parfumerie à Grasse**
Le musée international de la Parfumerie à Grasse permet aux visiteurs de découvrir l'histoire du métier de parfumeur et des plantes à parfums. Au travers de collections d'objets et de mises en situation des différents procédés de fabrication, le musée retrace l'histoire des parfums, mais aussi des savons, des fards et des cosmétiques, depuis quatre mille ans.
www.museesdegrasse.com

- **Préserver la biodiversité sauvage**
Les plantes vertes, au même titre que les arbres, absorbent du CO_2 et produisent de l'oxygène ; elles jouent un rôle essentiel dans la régulation de notre atmosphère. Elles sont menacées par le réchauffement climatique, la déforestation et la pollution. Il est possible de participer à la préservation de la biodiversité sauvage avec des gestes simples et un peu de bon sens. Des solutions existent, comme réhabiliter l'agroforesterie (cohabitation équilibrée de l'agriculture et des arbres) ou préserver la richesse de la canopée, la partie la plus élevée de la forêt tropicale, source des molécules pour l'avenir.
www.iucnredlist.org